PIETRO SPAGNULO

MINDFULNESS
DELLA VITA QUOTIDIANA

PER IL BENESSERE, LA SALUTE, IL BUSINESS

ECOMIND   goWare

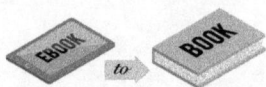

L'ebook è molto di +
Seguici su facebook, twitter, ebook extra

Introduzione

Dodici anni fa, quando iniziai a occuparmi intensivamente di mindfulness, a praticarla abitualmente e poi a utilizzarla nella pratica clinica, non sospettavo l'enorme diffusione che avrebbe avuto di lì a poco.

Anzi allora, discutendo con alcuni colleghi, si prospettava che ci saremmo dovuti accontentare di una nicchia di appassionati, in quanto, pensavamo, l'Occidente non è fatto per la contemplazione.

Sbagliavamo.

La mindfulness è diventata un fenomeno culturale di portata straordinaria: è raccomandata da linee guida governative, viene studiata al ritmo di decine di rigorosi studi clinici ogni mese riguardanti praticamente tutte le malattie, dalla depressione alla psoriasi, e il numero di professionisti che decidono di adottarla nella loro pratica clinica cresce a vista d'occhio.

"Time", il magazine più mainstream del mondo, gli ha dedicato (4 febbraio 2014) un lungo servizio dal titolo significativo *The Mindful Revolution* e la copertina.

È davvero paradossale che si corra il rischio, ora, che tutta questa visibilità porti alcune persone a considerare la mindfulness un fenomeno alla moda, e pertanto effimero e poco importante.

Il paradosso consiste nel fatto che la mindfulness è, allo stesso tempo, una cosa importante e alla moda.

D'altro canto, è vero che quando alcuni fenomeni diventano *cool* rischiano di perdere alcune loro caratteristiche fondanti e di assumerne altre più superficiali.

Questo breve saggio ha lo scopo di dissuadere quanti frettolosamente classifichino la mindfulness come un fenomeno passeggero, e allo stesso tempo può indirizzare coloro che invece ne sono attratti, magari proprio perché se ne parla molto, ma non sanno precisamente di cosa si tratti.

La straordinaria diffusione della mindfulness ha effettivamente creato un altrettanto diffuso fraintendimento.

Si tratta dell'idea che la mindfulness sia una forma di meditazione, anzi, come spesso ho detto anch'io, di un'antica meditazione buddhista.

È certamente vero che la mindfulness, così come la pratichiamo oggi, sia una versione laica e profondamente rivisitata di tecniche meditative di origine buddhista.

Questa idea è vera solo in parte. La mindfulness è *anche* una forma di meditazione, ma per comprenderne davvero l'utilità torniamo alla sua definizione corrente coniata da Jon Kabat-Zinn verso la fine degli anni Settanta che è, ancora oggi, il riferimento fondamentale per i clinici e i ricercatori di tutto il mondo: prestare attenzione deliberatamente al momento presente con attenzione non giudicante.

Come si può vedere, in questa definizione non compare affatto la parola "meditazione" e ancor meno vi compare la parola "tecnica".

La definizione corretta di mindfulness ha a che fare con un certo uso dell'attenzione, deliberato e non giudicante, nella vita, come nella pratica meditativa.

Per gran parte del tempo noi agiamo in modo "distratto" senza prestare attenzione a quel che facciamo, pensando senza accorgerci di pensare, e sentendo senza accorgerci di sentire sia le nostre emozioni sia il nostro corpo.

Praticare la mindfulness significa prestare, almeno a volte, un po' più di attenzione alla nostra esperienza, soprattutto quando la nostra distrazione ci porta ad agire in modo non costruttivo, o persino tossico e distruttivo.

E tale pratica non è separata dalla vita: in qualsiasi momento è possibile rivolgere la nostra attenzione alla nostra esperienza, cogliere i nostri pensieri, le nostre emozioni e le sensazioni del corpo.

Quante volte ci accorgiamo di essere stressati, o persino di star male, quando la situazione è precipitata al punto in cui diventa impossibile non accorgersene.

A volte è sufficiente una maggiore attenzione per cogliere in largo anticipo le nostre reazioni e di porvi rimedio prima che sortiscano conseguenze negative.

La pratica della meditazione non si distingue dalla pratica della mindfulness nella vita.

Dal punto di vista della mindfulness, meditare non vuol dire altro che dedicare del tempo in modo esclusivo a prestare attenzione alla propria esperienza, senza fare altro.

Ma la mindfulness si può praticare in qualsiasi momento della vita quotidiana, semplicemente prestando attenzione alla nostra esperienza nel momento presente, provando per quanto possibile a non giudicarla.

La continuità tra pratica meditativa e mindfulness della vita è ciò che distingue la mindfulness da tutti gli altri tipi di meditazione ed è esattamente ciò che è più difficile da capire.

In questo breve scritto mi propongo lo scopo di mostrare questo aspetto esclusivo della mindfulness e come la pratica dell'attenzione deliberata e consapevole alla propria esperienza, nella meditazione come nella vita, si traduca, in pratica, in un esercizio quotidiano di impegno a valorizzare ciò che è davvero importante e ridimensionare il futile, in un esercizio quotidiano di maggiore benevolenza verso il mondo e se stessi, e, infine, in un esercizio di tolleranza delle frustrazioni, e maggiore consapevolezza.

Vediamo dunque meglio di cosa si tratta.

Un po' di storia

Ciò che noi oggi chiamiamo mindfulness ha origine poco più di duemilacinquecento anni fa nell'insegnamento di Buddha.

Il termine mindfulness deriva dalla parola *sati*, che in lingua pali significa letteralmente "ricordare", e che, in senso più specifico, designava la presenza mentale, detta anche "attenzione pura", una componente fondamentale della dottrina buddhista in quanto è una precondizione per la conoscenza delle cose così come sono.

Nella dottrina buddhista, infatti, è la meditazione *vipassana* in cui si coltiva la conoscenza della realtà umana. E questa, in termini ultimi, è caratterizzata dalla sofferenza che deriva dal cedere a emozioni distruttive come la rabbia, la paura e il desiderio.

Nella tradizione, la conoscenza della realtà umana grazie alla meditazione *vipassana* non è possibile senza coltivare la focalizzazione dell'attenzione (*shamata*) e la presenza mentale, perché solo grazie a esse è possibile affinare lo strumento dell'attenzione pura, limitando al minimo il pregiudizio della parola.

Ma bisogna attendere la fine degli anni Settanta per mettere insieme questi elementi in un tutto organico e allo stesso tempo facilmente comprensibile e, soprattutto, utilizzabile da tutti, grazie al lavoro straordinario di un ricercatore dell'Università del Massachussets, Jon Kabat-Zinn.

Jon Kabat-Zinn oltre a essere uno scienziato era un fervente buddhista con una grande esperienza di meditazione. A un certo punto del suo percorso spirituale e personale decise di insegnare a meditare ai pazienti dell'ospedale in cui lavorava, per cui richiese e ottenne uno spazio in cui incontrava settimanalmente persone con problemi di salute di ogni genere, dall'infarto ai tumori, e ai dolori cronici.

L'impatto di questa iniziativa fu straordinario. Le persone che parteciparono agli incontri manifestarono un significativo miglioramento della qualità della loro vita e, in molti casi, miglioramenti clinici evidenti, e divenne inevitabile che la comunità scientifica si interessasse a ciò che avveniva nel sottoscala dell'Università del Massachussets sotto la guida di quello sconosciuto ricercatore.

Inoltre, Jon Kabat-Zinn ebbe la straordinaria intuizione di tradurre la complicata dottrina di Buddha in poche semplici regole facilmente applicabili nella vita quotidiana.

Era nato l'MBSR o Mindfulness Based Stress Reduction, un programma di otto settimane per insegnare la mindfulness a tutti.

Da questo protocollo ne nacque un secondo, l'MBCT o Mindfulness Based Cognitive Therapy, un programma per la prevenzione della ricaduta della depressione a cui lavorarono dei ricercatori inglesi dopo aver incontrato Jon Kabat-Zinn e dopo aver sperimentato personalmente il suo metodo.

Ebbene, quest'ultimo protocollo fu sottoposto a rigorose ricerche cliniche e si dimostrò che l'apprendimento della mindfulness riduceva drasticamente il rischio di ricaduta della depressione.

Questa ricerca ha segnato l'avvio di uno sviluppo inarrestabile di interesse sulla mindfulness e sui suoi effetti sulla salute che, ancora oggi, non mostra alcuna tendenza a diminuire. Anzi, il numero degli studi è in crescita continua ed è quasi impossibile tenersi al corrente di tutti i problemi e i disturbi in cui è stata sperimentata la mindfulness.

Per tornare alle origini, non è difficile scorgere nei concetti di *presenza mentale* e *attenzione pura* gli elementi essenziali della definizione moderna di mindfulness – prestare attenzione deliberatamente al momento presente in modo non giudicante – dove la presenza mentale diventa "prestare attenzione al momento presente" e attenzione pura diventa "in modo non giudicante".

Come è possibile che coltivando questo tipo di attenzione si ottengano dei risultati così evidenti per la salute delle persone?

La risposta non è semplice. Ancora oggi non conosciamo con certezza quali siano gli effetti della mindfulness. Tuttavia, in coloro che praticano la mindfulness è possibile individuare delle caratteristiche o abilità che si instaurano e si sviluppano in modo così evidente da lasciar pensare al fatto che non si tratti di una mera coincidenza.

Ebbene, chi pratica la mindfulness tende a sviluppare una maggiore tendenza a scegliere le proprie azioni in modo più consapevole, a essere più benevolente, e a non prendere i propri pensieri e la propria attività mentale troppo alla lettera.

La mindfulness ha modificato la teoria della sofferenza psicologica

Il linguaggio e le sue origini affascinano da sempre i filosofi, ma le loro conclusioni sono sempre risultate piuttosto fumose e poco comprensibili.

Persino il comportamentismo, per sua natura basato sulla ricerca empirica, è miseramente fallito nel tentativo di spiegare il linguaggio e la sua influenza sul comportamento umano.

In particolare gli sforzi degli studiosi si sono concentrati su due caratteristiche del linguaggio, il simbolismo e la generatività, ma senza riuscire a spiegarle e, soprattutto, senza riuscire a creare modelli in grado di fare previsioni sul comportamento delle persone e in grado di influenzare il comportamento delle persone.

Piuttosto recentemente si è affacciato nel campo della scienza un modello del linguaggio chiamato Relational Frame Theory (RFT) che non solo sembra superare i limiti della ricerca precedente, ma offre degli spunti estremamente interessanti per comprendere come si possano aiutare le persone a superare i problemi psicologici.

La scoperta fondamentale dell'RFT è che il linguaggio si basa su un processo fondamentale di creazione di relazioni (*derived relations*) che sembra specifico degli esseri umani.

È interessante a tal proposito un semplice esperimento.

Se si allena un pappagallo a ripetere la parola "Anna" quando Anna entra in una stanza, il pappagallo dirà "Anna" ogni qual volta Anna entra nella stanza.

Ovviamente, anche un bambino è in grado di fare la stessa cosa.

Ma se qualcuno dice improvvisamente "Anna", senza che Anna entri nella stanza, il pappagallo rimane assolutamente indifferente.

Invece, il bambino si gira verso la porta aspettando che entri Anna.

A differenza del bambino, il pappagallo ha solo appreso a dire "Anna" quando compare Anna, ma non collega il suono "Anna" con Anna. Si tratta di un semplice allenamento del tipo stimolo-risposta.

Il bambino, invece, ha derivato che la parola "Anna" è in relazione con la persona Anna.

Le implicazioni di questa scoperta sono state l'oggetto di oltre quindici anni di ricerche che hanno condotto alla RFT.

Ebbene, queste ricerche hanno concluso che il linguaggio non è solo uno strumento potentissimo per la comunicazione e per la stessa evoluzione della scienza: il linguaggio possiede un lato oscuro che è la fonte dei problemi psicologici.

Il punto è che il linguaggio, proprio per la sua potente capacità di creazione di relazioni, crea delle astrazioni, o se si preferisce, delle vere e proprie realtà virtuali, che prendono il sopravvento superando persino la percezione della realtà che ci circonda.

Ad esempio, chi soffre di panico non è spaventato da ciò che lo circonda, ma dalla sua stessa realtà virtuale di previsioni catastrofiche (mi sentirò male, sto per svenire, nessuno mi soccorrerà, impazzirò ecc.).

La scoperta del lato oscuro del linguaggio offre però anche una strada per trovare soluzioni ai problemi psicologici.

Se il lato oscuro del linguaggio risiede nella sua capacità di sostituirsi alla percezione, allora è possibile allenarsi a non prenderlo sempre troppo alla lettera e a tornare alla semplice percezione quando ci si accorge di essere "rapiti" dalla sua realtà virtuale.

L'allenamento a uscire dalla realtà virtuale è praticamente sovrapponibile alla pratica della mindfulness, per questa ragione l'RFT è considerata un modello molto vicino alle terapie basate sulla mindfulness, dette anche terapie di terza generazione.

L'aspetto centrale delle terapie di terza generazione risiede nella distinzione tra modalità narrativa in cui il linguaggio crea realtà (deriva relazioni) e la modalità esperienziale in cui si presta puramente attenzione a quanto percepito.

La distinzione tra modalità narrativa e modalità esperienziale è un superamento radicale dei due approcci più diffusi della psicoterapia: la psicoanalisi e il cognitivismo tradizionale.

Per quanto riguarda la psicoanalisi, si dimostra che il suo modello basato sul disvelamento di verità nascoste nell'inconscio non fa altro che aggiungere una nuova narrazione, cioè una nuova realtà virtuale, senza disvelare alcunché.

Mentre, per quanto riguarda l'approccio cognitivista, si supera il modello detto di ristrutturazione cognitiva, cioè il tentativo di modificare i pensieri che sono ritenuti negativi o disfunzionali.

Con le terapie di terza generazione, basate quindi sulla mindfulness e sull'RFT, la terapia consiste invece nell'apprendere a distinguere consapevolmente tra la propria narrazione e ciò che si percepisce. Questo allenamento si chiama *defusione* e consente di lasciare che i pensieri siano quelli che sono, senza tentare di modificarli, ma al tempo stesso consente di appropriarsi della consapevolezza di ciò che si percepisce realmente nel momento presente.

Paradossalmente, i pensieri diventano parte della propria esperienza e non sono più una realtà virtuale che sostituisce la realtà.

Ma su questo punto ritorneremo più tardi, quando faremo un po' di pratica.

Mindfulness per il lavoro
e il business

Sinora abbiamo parlato delle applicazioni della mindfulness ai problemi di salute.

Negli ultimi anni si sta diffondendo la pratica della mindfulness anche negli ambienti di lavoro.

Può sembrare strano che le esigenze frenetiche di performance e di competizione tipiche del lavoro nelle aziende come nelle istituzioni possano avvantaggiarsi di una pratica che inviti a fermarsi e osservare la propria esperienza.

Eppure, vi sono dati certi che l'efficienza aziendale e la sua competitività aumentino in modo sensibile, quando la mindfulness sia introdotta al sua interno.

Ciò non significa rassegnarsi alle condizioni di lavoro se queste non sono soddisfacenti.

Anzi, questo è un altro fraintendimento piuttosto comune.

Alcune persone temono che la pratica della mindfulness possa renderle meno combattive, più accondiscendenti, e quindi in fondo più deboli.

Ebbene, le cose non stanno così.

Praticare la mindfulness non vuol dire rinunciare a combattere per i propri diritti o ridurre l'impegno, l'efficienza o la performance, significa invece apprendere a non combattere con se stessi!

E se smettiamo di combattere con le nostre emozioni, i nostri sentimenti e pensieri, allora siamo più liberi di occuparci di noi stessi e dunque di comprendere più profondamente i nostri valori e ciò per cui vale la pena impegnarci.

Ad esempio, in grandi aziende con migliaia di dipendenti, apprendere a praticare la mindfulness ha migliorato i rapporti interpersonali in azienda, ha ridotto la conflittualità, l'assenteismo e la spesa farmaceutica. Al tempo stesso è accresciuta la soddisfazione personale, e la capacità di gestire i problemi.

Uno studio su larga scala effettuato un paio di anni fa con i lavoratori dei trasporti pubblici londinesi ha mostrato che otto settimane di training avevano cambiato profondamente il rapporto con il lavoro, ridotto lo stress e migliorato la soddisfazione dei dipendenti e il rendimento generale dell'azienda.

Fatto sta che negli ultimi anni si moltiplicano le richieste di training di mindfulness in ambiente di lavoro, persino tra i profili più alti della dirigenza di compagnie di livello internazionale.

Immagino che la domanda del lettore a questo punto sia: in che modo la mindfulness può fare bene al business? E come mai imprenditori, dirigenti di tutti i livelli, impiegati e professionisti, proiettati nel futuro, e nell'operatività efficace ed efficiente, sono interessati ad apprendere a meditare, cioè a non fare assolutamente nulla?

Ebbene è proprio questo il segreto della mindfulness e del suo successo negli ambienti a elevato stress da prestazione: apprendere a non reagire automaticamente agli stimoli!

Il mio maestro di meditazione, Michael Chaskalson, dell'Università di Bangor, nel Regno Unito, è divenuto uno dei più richiesti trainer di mindfulness nel mondo del lavoro. Autore di un best-seller, *The mindful workplace* (Wiley-Blackwell, 2011), ha insegnato la mindfulness a finanzieri ultra milionari e operai, a impiegati e uomini di affari in tutte le latitudini, e sostiene che non vi sia alcuna differenza tra le persone per quanto attiene alla natura dello stress e dell'infelicità.

Sostiene inoltre che la salute delle aziende, la loro efficienza, la loro capacità di stare in un mercato estremamente competitivo e globalizzato, dipende moltissimo dalla salute delle persone che vi lavorano.

Il mondo del business non è fatto solo di prodotti o servizi, ma anche di relazioni che si sviluppano all'interno degli ambienti di lavoro, e di relazioni che si sviluppano con i clienti o gli utenti dei servizi.

Ed è qui che la mindfulness ha buon gioco. La qualità delle relazioni dipende strettamente dal grado di serenità interiore, consapevolezza e benevolenza nei propri confronti e nei confronti degli altri.

E queste qualità possono svilupparsi solo se si apprende a non reagire automaticamente agli eventi.

Un eccesso di aggressività, rivalsa personale, ansia, fretta, o persino di bramosia incontrollata, può spingere nella direzione opposta agli obiettivi personali e agli obiettivi di intere aziende.

Saper guardare con consapevolezza e sufficiente distacco ai propri automatismi emotivi è un aiuto straordinario a rimanere focalizzati sugli obiettivi più importanti e aiuta a costruire una visione più nitida del futuro.

Non vi è dunque una differenza sostanziale nel modo in cui si insegna la mindfulness per la salute, lo stress personale e la qualità ed efficienza nel mondo del lavoro.

In entrambi i casi è importante apprendere a fermarsi, rendersi consapevoli della propria esperienza interiore senza reagire automaticamente, e scegliere i comportamenti più appropriati per se stessi e per gli altri, tenendo presente i propri valori e obiettivi più importanti.

Un approccio di intervento psicologico considerato attualmente tra i più avanzati ed efficaci ha preso molto sul serio questi principi e gli ha dato un nome: Acceptance and Commitment Therapy, cioè terapia dell'accettazione e dell'impegno.

L'Acceptance and Commitment Therapy, detta in breve ACT, viene anch'essa utilizzata per la salute e nel mondo del lavoro e si basa, come dice il nome, sull'*acceptance* (accettazione) e il *commitment* (impegno).

E cosa bisogna accettare? Certo non le cose come stanno. Il lavoro non serve per lasciare le cose come stavano, altrimenti non esisterebbero la produzione e la vendita. Bisogna invece accettare la propria esperienza interiore per quella che è, nel momento in cui è, rinunciando a lottare contro se stessi, rinunciando alla critica di se stessi perché si prova questo o quest'altro sentimento.

L'accoglimento dei propri sentimenti senza critiche e giudizi è alla base della salute mentale!

D'altro canto c'è la seconda componente: l'impegno!

L'impegno è invece ciò che ci si impegna a fare in direzione dei valori e obiettivi più importanti della vita delle persone come del lavoro.

Il lettore attento riconoscerà in questo secondo aspetto un tratto in comune con le tendenze più avanzate del marketing: l'etica aziendale.

I clienti sono attratti non soltanto dalla qualità dei prodotti o dal loro prezzo, ma anche dalla percezione che hanno dell'azienda che li fornisce.

Questo fenomeno, ben noto nel mondo del marketing, si chiama *branding* e negli ultimi anni sta assumendo un valore sempre maggiore in quanto si è scoperto che i clienti valutano le aziende come se fossero delle persone, con una loro personalità, con i loro valori, le loro aspettative, le loro idee del mondo.

Si capisce facilmente quanto possa essere importante anche sul piano del marketing curare la cultura aziendale, lo stile di relazioni interna e con il pubblico, i valori e la propria mission.

La mindfulness ha un profondo impatto anche su questo piano perché facilità la consapevolezza e la ricerca dei fondamentali della propria esperienza di vita e di lavoro.

Ma ora è venuto il momento di capire più da vicino cosa sia la mindfulness e iniziare a praticarla.

Riprendere il controllo della propria vita

Uno dei fenomeni più interessanti e assolutamente ubiquitari della sofferenza psicologica è la tendenza a lasciare che alcuni automatismi distruttivi, circoli viziosi e trappole mentali, prendano il sopravvento, nel senso che assorbono tutta l'intelligenza, l'attenzione e la volontà di chi ci casca.

Chi soffre di depressione, ad esempio, tende a ripetere quotidianamente, anzi di ora in ora, gli stessi percorsi mentali, chiamati rimuginii, fatti di autorimproveri, colpe e inadeguatezze.

Allo stesso modo, chi soffre di un disturbo di ansia tende sistematicamente a fuggire dalle situazioni che mettono ansia.

Un discorso analogo potrebbe farsi per i disturbi di dipendenza da sostanze o dal gioco, o dai problemi dell'alimentazione: ogni qual volta una persona cade in un comportamento distruttivo sta cercando di non provare alcune emozioni contro le quali lotta.

Infine, anche le malattie di natura più strettamente organica come le malattie metaboliche, quelle reumatiche o persino quelle oncologiche possono indurre a sottovalutare l'importanza del proprio atteggiamento verso il mondo e quindi anche verso la malattia, e degli effetti negativi che alcuni automatismi hanno sulla propria vita e persino sull'andamento della malattia stessa.

Ciascuno di noi ha molte più opzioni e molte più possibilità di scelta di quanto comunemente si sospetti.

Non è vero, infatti, che un depresso debba per forza rimuginare, né è vero che un ansioso debba sempre fuggire, così come non è vero che la "dipendenza" sia un fenomeno fuori dal nostro controllo, come pure non è vero che non si possa incidere positivamente sul percorso di molte malattie.

Ebbene, la mindfulness è innanzitutto un invito forte e chiaro e un efficacissimo allenamento a riprendere in mano il controllo della propria vita, per quel che è possibile.

Praticare la mindfulness significa accorgersi che molte cose che appaiono fuori dal nostro controllo consentono invece opzioni che ricadono nella nostra capacità di scelta e decisione.

Naturalmente questo non significa che si possa controllare il futuro, gli eventi naturali o ciò che gli altri decidono di fare.

Stiamo parlando, infatti, del nostro stesso comportamento.

Ci sono circostanze in cui abbiamo l'impressione di non avere alternative a comportarci in un modo che consideriamo inappropriato o persino distruttivo, come spinti da una forza più grande di noi.

Il punto è che in molte di tali circostanze è invece possibile operare delle scelte.

Pensa a un momento della tua vita in cui ti sembra di ripetere automaticamente sempre lo stesso comportamento di cui poi ti penti.
Ci sono circostanze in cui reagisci ad esempio con inutile aggressività?

Ci sono momenti in cui fai cose non salubri come fumare o mangiare troppo?

Ti capita a volte di rinunciare a cose importanti perché qualcosa ti spaventa?

Trascorri molto tempo a pensare sempre alla stessa cosa, ripetendo sempre gli stessi ragionamenti o le stesse recriminazioni sul passato in modo non produttivo?

Se rintracci situazioni di questo tipo nella tua vita puoi provare a svolgere il seguente esercizio:

Quando ti accorgi di stare per iniziare, o anche di aver iniziato, a comportarti automaticamente in modo negativo o distruttivo, puoi dire a te stesso: a cosa sto pensando? Qual è il mio impulso? È utile ciò che sto facendo?

A questo punto tira un bel respiro, e prenditi tutto il tempo per decidere quale può essere il comportamento più appropriato per la tua vita.

Essere benevolenti con se stessi

Prendersela con se stessi e lottare contro le proprie emozioni è un metodo certo per procurarsi sofferenza.

Eppure siamo tutti bravissimi a farlo.

Basta dirsi con convinzione che alcuni pensieri o emozioni che proviamo sono sbagliati, malati, inadeguati, ingiusti o, peggio, che sono il segno evidente che siamo noi a essere inadeguati, sbagliati, malati o ingiusti.

Chi non è rimasto impigliato almeno una volta nella propria vita in questo modo di ragionare alzi la mano.

Anche se non posso vedervi, so per certo che non ci sono mani alzate, perché è proprio del genere umano cadere in quelle trappole.

Però non funziona. Non porta da nessuna parte.

Molto meglio aprirsi alle proprie emozioni e ai propri pensieri, conoscerli, qualsiasi essi siano, e uscire dalla trappola di ritenere che se si hanno pensieri cattivi allora siamo cattivi, se si hanno pensieri di allarme allora siamo paurosi, e così via.

Ma di come fare, parleremo tra poco. Per ora è importante osservare che quando cadiamo nella trappola di prendere così sul serio ogni nostro pensiero, si dice che ci identifichiamo con i nostri pensieri.

Quando questo accade è come se tutti i pensieri di una persona dovessero rispondere a una rigorosa coerenza con ciò che noi riteniamo di dover essere.

Seguendo questo ragionamento, se riteniamo di dover essere persone serie e affidabili non ci è concesso avere pensieri bizzarri o indolenti, se riteniamo di dover essere sempre efficienti non possiamo avere pensieri di preoccupazione, se riteniamo di essere buoni non possiamo avere pensieri cattivi, e così via.

È evidente che questa pretesa è del tutto fuori luogo: una cosa è tendere a un ideale di noi stessi, un'altra è pretendere di controllare tutti i pensieri e tutte le emozioni che, come soldatini, dovrebbero adeguarsi a questo ideale.

L'alternativa all'identificazione con i propri pensieri è la "disidentificazione".

Il processo di disidentificazione dalle emozioni è un aspetto cruciale della pratica della mindfulness, che non si propone – come molti erroneamente credono – di eliminare pensieri e emozioni inopportuni o sgradevoli; al contrario, la disidentificazione si propone di accogliere tutti i pensieri come ospiti nel nostro spazio personale, senza dovere necessariamente identificarsi con essi.

Questo significa essere benevolenti: sapere che la nostra identità è ben più ampia e complessa di un singolo nostro pensiero, per quanto assurdo o inappropriato possa sembrare.

Essere benevolenti significa prendersi cura di sé, amare ciò che ci appartiene, anche ciò che non ci piace, e smettere, radicalmente, di lottare contro le proprie emozioni.

Essere benevolenti significa coltivare ciò che ci sembra coerente con i nostri valori e ideali, senza biasimarci se la nostra mente e il nostro corpo non si adeguano in modo totale e assoluto a quei valori e ideali.

I valori e gli ideali sono direzioni verso le quali ci dirigiamo, non sono dei ruoli stereotipati da recitare con noi stessi.

....

Vorrei suggerire ora un interessante esercizio che può essere utile per disidentificarsi dai propri pensieri.

Prova a immaginare di dare una grande festa nella tua casa che, per l'occasione, è ampia e ospitale.

Alla festa hai invitato tutte le persone che conosci, e anche quelle che le persone che conosci desiderano a loro volta invitare.

Tanta generosità deriva dal fatto che sei molto contento per qualcosa di bello che ti è accaduto.

Il tuo animo è sereno, gioioso, ospitale e generoso.

Ebbene, alla festa giungono, ovviamente, persone di tutti i tipi.

Alcune sono davvero simpatiche, altre meno, altre persone ti sono francamente antipatiche.

Ma è la tua festa, e tu hai deciso di aprirti a tutti, belli, brutti, buoni e cattivi.

È molto probabile che sceglierai, saggiamente, di accogliere tutti e di invitare tutti a godersi la festa.

Ciò non significa che dovrai intrattenerti con le persone che non ti piacciono.

Li accoglierai, augurerai loro di godersi la festa, ma probabilmente non t'intratterrai con loro.

Probabilmente eviterai di litigare con quelle persone o di impegnarti in inutili e penose conversazioni.

Puoi essere gentile, accogliente, persino generoso e poi goderti la festa unendoti ai tuoi amici più cari

e alle persone più simpatiche con cui ti intratterrai
per tutto il tempo che vuoi.

....

Prova a immaginare questa situazione.

È esattamente ciò che puoi fare con i tuoi pensieri.

Puoi lasciare che i pensieri che non ti piacciano
semplicemente possano semplicemente entrare nella
tua casa, ma senza che tu debba intratterti con loro.

E puoi invece dedicarti a pensieri utili e fruttuosi.

Tu non sei i tuoi ospiti, ma il padrone di casa.

Allenati quotidianamente a fare questo. I vantaggi
saranno straordinari per la tua vita.

Conoscere la natura dei pensieri e della mente

Noi viviamo immersi nel nostro mondo mentale.

Sebbene in contatto con il mondo attraverso i sensi, ciò che ci circonda, le persone che incontriamo, quello che ci diciamo, le cose che vediamo, i suoni che ascoltiamo, assumono il senso e il significato che attribuisce loro la nostra mente.

Raramente rivolgiamo lo sguardo al mondo, lo ascoltiamo o lo tocchiamo per quello che percepiamo sensorialmente.

La definizione originaria di mindfulness ha a che fare con un certo uso dell'attenzione, deliberato e non giudicante, nella vita come nella pratica meditativa.

Vediamo allora cosa significa prestare attenzione deliberatamente al momento presente con attenzione non giudicante, e quali sono le sue interessanti conseguenze.

....

Concludo questo capitolo con un piccolo esperimento.

Dedica un minuto a osservare uno dopo l'altro alcuni oggetti nella stanza in cui ti trovi.
Soffermati su ogni oggetto per un po', con calma, senza fretta e con attenzione.

Quindi nota eventuali pensieri, considerazioni e collegamenti di ogni genere che compaiono nella tua mente durante l'osservazione di ciascun oggetto.

....

Nel corso di questo esercizio hai avuto l'opportunità di osservare pensieri, considerazioni, ragionamenti, giudizi, ricordi o qualsiasi altro collegamento nato spontaneamente nella tua mente in relazione agli oggetti osservati.

In altri termini, oltre agli oggetti della stanza, hai osservato l'attività della tua mente.

Insomma, hai praticato un po' di mindfulness.

Esistono numerosi esercizi – o *meditazioni* – che sono progettati proprio per riconoscere l'attività mentale che accompagna la nostra vita.

La ripetizione costante di questi esercizi ci insegna a riconoscere l'attività mentale che accompagna la nostra sofferenza.

E questo è un bene. Perché riconoscere che la nostra sofferenza è prodotta dalla propria mente aiuta a prenderla per quella che è, cioè semplicemente l'attività della nostra mente. E ci aiuta ad apprezzare la realtà che è ben più vasta e ricca dei nostri pensieri sulla realtà.

Impariamo a meditare

La postura per meditare

La meditazione non è dissimile dagli esercizi che abbiamo svolto sin qui.

La vita offre abbondanti occasioni per esercitare la consapevolezza delle nostre emozioni, dei nostri pensieri e delle nostre sensazioni. Non bisogna fare altro che approfittare di queste occasioni per prestare attenzione alla nostra esperienza, piuttosto che tentare di fuggire o combatterla.

Tuttavia è possibile esercitare questa capacità in se stessa, senza attendere che la vita riservi momenti di difficoltà in cui esercitarsi. Questo significa meditare: scegliere un momento in cui non si ha nulla di urgente da fare, si possono spegnere telefoni e cellulari, e si può dedicare del tempo a prestare attenzione alla propria esperienza.

L'esercizio basico della mindfulness si chiama *meditazione del respiro*.

Le istruzioni sono talmente semplici da rendersi incomprensibili, proprio a causa di tale semplicità.

La prima istruzione, ad esempio, è di portare l'attenzione al respiro.

E portare l'attenzione al respiro significa semplicemente portare l'attenzione alle sensazioni del respiro. Sentire il respiro, momento dopo momento, sentire le sensazioni della inspirazione per tutto il tempo della inspirazione e sentire le sensazioni della espirazione per tutto il tempo della espirazione.

Tuttavia, per quanto impegno ci si voglia mettere in questo gioco di attenzione, non è difficile accorgersi che la mente divaga. L'attenzione non rimane tutto il tempo a percepire le sensazioni del respiro, ma basta un'immagine, un ricordo, un'idea, un giudizio, una preoccupazione, per cui l'attenzione venga catturata da questi pensieri.

Ebbene, quando questo accade non è una cosa sbagliata, non è un errore della meditazione, non è un segno di incapacità.

Le divagazioni della mente sono assolutamente normali, qualsiasi ne siano i contenuti.

Il nostro compito è dunque solo quello di accorgercene, di accorgerci che la mente è altrove.

E dunque di riportare l'attenzione alle sensazioni del respiro.

In sintesi, si tratta di tre semplici istruzioni:

Portare l'attenzione al respiro
Accorgersi quando la mente divaga
Riportare l'attenzione al respiro

Come si vede, la meditazione non è complicata. Ma contiene in germe tutta la profondità della consapevolezza della nostra esperienza di cui abbiamo parlato prima.

Eppure, non è infrequente che queste tre semplici istruzioni siano completamente fraintese.

Ad esempio, molte persone si lamentano di non riuscire a concentrarsi sul respiro. Dietro questa lamentela vi è la convinzione che lo scopo della meditazione sia appunto di riuscire a concentrarsi.

Ma non è così. Le istruzioni consistono nel portare l'attenzione al respiro, di accorgersi quando la mente divaga e di riportare l'attenzione al respiro.

Ciò significa che le divagazioni della mente fanno parte della meditazione, di una buona meditazione. Il nostro compito, infatti, non è di fare di tutto per non avere distrazioni, ma solo di accorgercene.

Un altro frequente fraintendimento è l'idea che durante la meditazione bisogna rilassarsi, star bene, raggiungere stati mentali particolari.

Non è così.

La pratica della mindfulness non ha nulla a che vedere con la ricerca di speciali stati mentali. La pratica della mindfulness riguarda la consapevolezza di ciò che si prova. Qualsiasi cosa essa sia.

Ad esempio, vi sono momenti in cui siamo particolarmente nervosi, stressati, agitati. Bene, durante la pratica non abbiamo lo scopo di eliminare il nervosismo, lo stress o l'agitazione, ma solo di esserne più consapevoli, consapevoli in un modo nuovo, senza giudicare, ma con apertura, curiosità, attenzione.

Lo stesso può dirsi di tutte le emozioni che possono attraversare la pratica della mindfulness.

Non vi sono emozioni giuste e sbagliate, ma solo le emozioni che proviamo, qualsiasi esse siano.

E il nostro compito è di riconoscerle.

Dedica qualche minuto al giorno a praticare la meditazione del respiro.

Meditazione del corpo

Assumi la tua solita posizione seduta con la schiena dignitosamente eretta e inizia il tuo esercizio del respiro come al solito.

A un certo punto, quando lo sceglierai tu, espandi il campo dell'attenzione a tutto il corpo nel suo insieme. Come un fascio di luce che si allarga, puoi allargare il campo dell'attenzione a piacimento e puoi includere tutto ciò che avviene nel tuo corpo, nella sua interezza. Incluso il respiro. Il corpo che respira. Non più solo la pancia, ma tutto il corpo che respira.

Quando la mente divaga, nota dove sta la mente e riporta l'attenzione al corpo che respira.

Durante l'esercizio può accadere di percepire sensazioni intense o fastidiose in qualche parte del corpo. Se ciò accade puoi eventualmente modificare la tua postura, oppure puoi scegliere di non fare niente e di rivolgere la tua attenzione proprio all'area del corpo dove avverti le sensazioni intense o fastidiose. Senza lottare contro queste sensazioni, senza provare a lenirle, sopprimerle, spiegarle, semplicemente osserva con curiosità ciò che senti.

Per poi tornare al corpo nel suo insieme che respira.

Meditazione dei pensieri

A un certo punto, quando tu vorrai sceglierlo, espandi il campo dell'attenzione fino a includere anche i suoni. Osserva i suoni nella loro natura sonora, notando la tendenza della mente ad attribuire invece costantemente delle etichette e dei significati a ciascun suono.

Non seguire questa attività della mente e torna alla percezione sonora diretta, nota ed esplora i suoni in quanto tali, non il loro significato o le loro cause.

A un certo punto, quando tu vorrai sceglierlo, espandi il campo dell'attenzione fino a includere i pensieri. Poni dunque al centro della tua attenzione i tuoi pensieri. Esattamente come per i suoni, nota i pensieri nel loro manifestarsi e nel loro dissolversi, notando la tendenza della mente ad attribuire un significato o un giudizio ai pensieri.

Può esserti di aiuto immaginare davanti a te uno schermo dove proiettare ciascun pensiero, dove proiettarne le parole oppure le immagini.

Oppure può esserti utile immaginare di essere sulla riva di un ruscello o di un lento fiume tranquillo, dove galleggiano grandi foglie che vengono trasportate lentamente dalla corrente. E puoi dunque scrivere su ciascuna foglia un tuo pensiero, oppure puoi disegnarlo. Ogni pensiero una foglia, ogni foglia un pensiero. E ogni foglia viene trascinata via lentamente dalla corrente.

Osserva i tuoi pensieri nel loro manifestarsi, esattamente come sono, nel momento in cui sono. Non seguire i pensieri, non saltare da un pensiero all'altro. Nota ciascun pensiero.

Puoi notare la loro intensità, le emozioni che accompagnano i pensieri. Alcuni pensieri sono neutrali, senza emozioni, altri sono accompagnati da emozioni più o meno intense. Alcuni pensieri sono piacevoli e tendono a catturarti, ma non seguirli, lascia che si dissolvano naturalmente. Altri sono spiacevoli, tristi, dolorosi, angosciosi o minacciosi, e suscitano il bisogno di sbarazzarsene, di combatterli, ma non metterti a lottare con loro, non metterti a cercare di spiegarli, aggiustarli, modificarli, controllarli. Puoi esercitare curiosità nei loro confronti, apertura, e osservarli così come sono.

Alcuni pensieri risuonano nel corpo. Puoi sentirli nel corpo. Se questo accade, puoi portare l'attenzione nell'area del corpo dove risuona il pensiero e osservare la sensazione così com'è, nel momento in cui è.

Se ti accorgi che un certo pensiero ti cattura, puoi tornare per un momento con l'attenzione al respiro. Giusto il tempo di disingaggiarti dal pensiero, di non esserne schiavo. E poi riprendi a osservare i pensieri.

La meditazione camminata

Nella meditazione camminata si mettono al centro dell'attenzione le sensazioni che si provano quando si cammina (ad esempio il contatto con il terreno, il movimento delle gambe, le sensazioni di equilibrio) e quando la mente divaga, si nota dove sta la mente e poi si riporta l'attenzione alle sensazioni del camminare.

La pratica informale

Un altro esercizio quotidiano di grande utilità è la cosiddetta pratica informale.

Si tratta di scegliere una o due semplici attività che svolgiamo durante la giornata generalmente senza prestarvi attenzione, pensando ad altro.

Ad esempio, quante volte ti è capitato di fare la doccia e di pensare ad altro?

Quante volte bevi un bicchiere d'acqua pensando ad altro?

Quante volte vai in bagno pensando ad altro?

La pratica informale consiste nello svolgere una o due di queste attività come se fossero delle meditazioni, portando l'attenzione alle attività stesse, e quando la mente divaga, come nella meditazione del respiro, notare dove va la mente e riportare l'attenzione all'attività che stiamo svolgendo.

In questa meditazione l'attività che stiamo svolgendo prende il posto del respiro.

Se nella meditazione del respiro è al respiro che si riporta l'attenzione quando la mente divaga, nella pratica informale l'attenzione si riporta all'attività che stiamo svolgendo.

Ciò che rimane assolutamente identica è l'istruzione di accorgersi quando la mente divaga.

Infatti, è proprio questo il punto, ciò che caratterizza la pratica della mindfulness non è la concentrazione su qualcosa, ma la consapevolezza dell'attività mentale.

Ogni qual volta ci accorgiamo di pensare, stiamo praticando la mindfulness.

Lo Yoga mindfulness

Lo Yoga mindfulness non è un particolare tipo di yoga, ma è semplicemente l'utilizzazione dello yoga (principalmente Hatha yoga) come mezzo per praticare la mindfulness.

Sebbene lo yoga sia un'antica disciplina fisica, mentale e spirituale ramificata in numerose varianti, l'origine dell'espressione "Yoga mindfulness" è invece molto recente e coincide con l'inclusione di alcune *asana* (posizioni) yoga all'interno della pratica della mindfulness così come viene insegnata in occidente, soprattutto con finalità mediche, a partire dal lavoro pionieristico di Jon Kabat-Zinn negli anni Settanta.

Come descritto nei paragrafi precedenti, questa pratica meditativa include alcune varianti come la meditazione del respiro, la meditazione del corpo, la meditazione dei suoni e dei pensieri, la meditazione camminata e lo Yoga mindfulness.

Ciò che distingue le diverse meditazioni è fondamentalmente l'oggetto principale di attenzione. Se nella meditazione del respiro, nella meditazione del corpo, in quella dei suoni, dei pensieri e la camminata, gli oggetti sono rispettivamente il respiro, il corpo, i suoni, i pensieri e l'atto del camminare, nello Yoga mindfulness l'oggetto principale di attenzione è l'esecuzione delle posizioni yoga.

Nella pratica della mindfulness, infatti, qualsiasi evento percepibile può essere oggetto di attenzione e dunque non sorprende che anche le posizioni yoga possano assumere il ruolo di oggetto di focalizzazione dell'attenzione. Allo stesso modo, come avviene in tutte le altre pratiche della mindfulness, viene dato particolare rilievo al modo caratteristico con il quale vengono "trattate" le normali deviazioni dell'attenzione.

Nella meditazione del respiro, ad esempio, quando la mente divaga e si allontana spontaneamente dal respiro, l'istruzione consiste nel notare la divagazione, accoglierla e riconoscerla, nel diventarne semplicemente consapevoli, per poi riportare l'attenzione al respiro.

Allo stesso modo, nello Yoga mindfulness le deviazioni dell'attenzione sono accolte e riconosciute, per portare nuovamente l'attenzione alla posizione che si sta tenendo.

Si ritiene, infatti, che lo scopo fondamentale della mindfulness non sia la concentrazione o l'assorbimento, ma la consapevolezza dell'esperienza interiore che include le normali deviazioni dell'attenzione e la normale tendenza a essere distratti da pensieri, immagini, ricordi, giudizi, idee, preoccupazioni, anticipazioni del futuro e da qualsiasi evento che attiri l'attenzione distogliendola dall'oggetto principale.

La sequenza di focalizzazione, divagazione e rifocalizzazione è lo specifico "allenamento" della mindfulness che promuove la consapevolezza e la percezione dalla propria attività mentale in quanto tale.

Lo Yoga mindfulness, tra le diverse pratiche della mindfulness, possiede però alcune caratteristiche speciali che lo rendono particolarmente prezioso.

Innanzitutto consente di unire alla pratica della mindfulness una benefica attivazione fisica.

In secondo luogo, proprio in virtù dell'impegno fisico anche molto intenso, consente di esplorare e superare i supposti limiti di resistenza. Jon Kabat-Zinn ha coniato il termine *working the edge,* che può essere tradotto come "lavorare su limiti".

La consapevolezza del divario tra limiti supposti dalla mente e la possibilità di superarli diventa un'occasione per sperimentare la possibilità di superare supposti limiti anche in aree di sofferenza emotiva.

Pertanto, la possibilità di superare la fatica di tenere una posizione può insegnare che è possibile superare l'idea che una certa emozione sia intollerabile.

È il caso, ad esempio, della possibilità di superare alcune paure "intollerabili", o la tendenza percepita come "incoercibile" a cadere in alcuni comportamenti negativi o distruttivi.

Da questo punto di vista lo Yoga mindfulness ha uno straordinario ruolo terapeutico in molti disturbi e problemi emotivi, dai problemi di ansia alle compulsioni e a molte dipendenze.

Un semplice esercizio di Yoga mindfulness

Un semplice esercizio di yoga è la posizione detta della montagna, un'*asana* (posizione) tradizionale che può essere utilizzata per praticare la mindfulness. Come si vede nell'immagine, si tratta di assumere semplicemente la posizione in piedi.

A questo punto portare l'attenzione alla pianta dei piedi notando le sensazioni di contatto con il pavimento e l'equilibrio di pressione tra le due piante dei piedi.

Espandere dunque il campo dell'attenzione progressivamente alle caviglie, alle gambe, alle ginocchia lievemente flesse, alle cosce e ai glutei.

Estendere ancora il campo dell'attenzione alla schiena, estendendola come se ci si volesse allungare fino a toccare il soffitto.

Includere ora nel campo dell'attenzione anche le spalle, le braccia, le mani, il collo e la testa, continuando l'estensione del corpo e tenendo il torace aperto e le spalle rilassate.

Ad un certo punto chiudere gli occhi e prestare attenzione alle sensazioni di costante oscillazione dell'equilibrio operato naturalmente dal corpo che bilancia lievemente e continuamente in avanti, all'indietro e lateralmente ogni oscillazione in senso opposto.

Nel corso dell'esercizio notare quando l'attenzione divaga, e viene catturata da pensieri, immagini, ricordi, anticipazioni del futuro o altri contenuti mentali.

Ogni qual volta la mente divaga, semplicemente accorgersi della divagazione, e riportare con gentilezza l'attenzione al corpo e al suo equilibrio.

Gli attrezzi per meditare

Per meditare basta una sedia.

Però chi dedica del tempo quotidianamente alla pratica, trova che sia molto meglio utilizzare alcuni attrezzi specificamente designati allo scopo.

Il cuscino da meditazione

È un semplice cuscino riempito con materiale non elastico, come il grano saraceno, in modo da non affondarvi.

È semplice da usare.

Basta sedersi e incrociare le gambe, tenendo la schiena dritta.

Ecco dei tipici cuscini da meditazione in vari colori, detti *zafu*, che si possono acquistare sul sito www.ecomindstore.com

Le applicazioni per meditare

Ne esistono ormai numerose. Quella che preferisco è Insight Timer, che consente di stabilire un tempo e di scegliere il suono di avvio e conclusione tra quello di splendide campane da meditazione.

Con quest'applicazione è possibile connettersi con tutte le persone che la stanno utilizzando in tutto il mondo e vedere chi sta meditando e per quanto tempo: è il social network della meditazione contemplativa!

La posizione della montagna

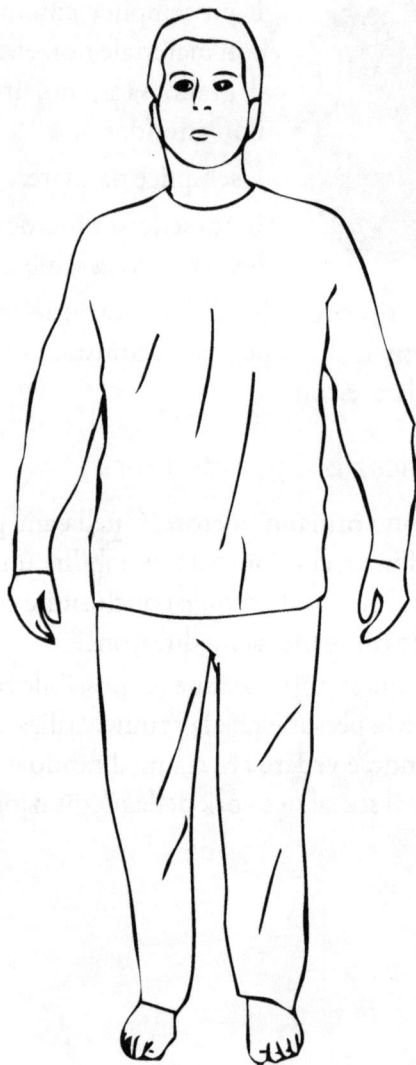

Conclusioni

Apprendere a praticare la mindfulness non vuol dire solo imparare a meditare.

La mindfulness è un atteggiamento verso la vita, e la meditazione è solo un modo per allenarla.

Lo scopo di questo ebook è mettere in evidenza l'aspetto vivo della mindfulness, quello intrecciato con la propria vita.

Il mio augurio è che chi legge sia sufficientemente incuriosito da decidere di apprendere e coltivare la mindfulness e che abbia acquisito le necessarie informazioni per orientarsi.

Se deciderai di apprendere e coltivare la mindfulness, sarò contento del mio lavoro, ma il beneficio che ne ricaverai sarà soprattutto merito tuo.

Indice